GW01373090

www.einaudi.it

ISBN 978-88-06-14547-7

Alda Merini

SUPERBA È LA NOTTE

A cura di Ambrogio Borsani

Giulio Einaudi editore

Introduzione

Abbiamo avuto in dono, da Heidegger, l'abbagliante visione del poeta che si lancia nell'abisso per cercare gli Dei fuggiti dal mondo. Assorto nel ruolo di «arrischiato» il poeta precipita dentro la sua disperata missione, e quando torna, se torna, ci mostra una manciata di fosforescenze. Le tracce che egli esibisce sono tutto ciò che ci rimane degli Dei in fuga. Non potendo trovare gli Dei, il poeta raccoglie la musica lasciata dai loro passi durante l'*opera* dell'abbandono.

Come Orfeo, primo «arrischiato» della storia, il poeta si cala nelle tenebre a cercare la luce della sua vita. E da qui, proprio da Orfeo e dall'orfismo, nel 1953 parte la vicenda poetica di Alda Merini.

Vi sono creatori che piú di altri riflettono l'immagine sacrificale dell'«arrischiato», perché si sono calati nell'abisso, e con la loro opera invitano anche noi a scendere. Cosí si scende, con i versi di Alda Merini, in una notte piena di lampi, di bagliori, di vaste esplosioni. Una notte segnata dai bengala di esploratori dispersi, dalle fiaccole di anime smarrite in una selva oscura. Sopra le geografie poetiche il firmamento è solcato dalle comete di sinistre epifanie. E l'oscurità è cosí affollata di luci che la notte si fa piú giorno del giorno. Le parole sono illuminazioni di chi ha passato una stagione all'inferno.

Ci troviamo dentro una poesia di forti contrasti. L'estate può esplodere all'improvviso in mezzo alle bacche gelate dell'inverno. Inni e maledizioni crescono da semi primordiali sepolti in un terreno fertilizzato dal dolore. Il linguaggio fiorisce con esplosioni violente o con un sospiro. È uno slancio vitale e disperato che dura da *La presenza di Orfeo* e corre dentro i fili della poesia fino a invadere anche questa nuova raccolta di versi.

Assistiamo ai balzi impetuosi di una lingua che dal passato trascina sul foglio parole ombra come «scudiscio», «delitto», «tormento»... Cumuli e nembi che hanno oscurato la vita in altre epoche ora scaricano sulla pagina lampi e misteriose correnti magnetiche. La parola urta contro le mura di antiche prigioni e rimbalza su una tastiera di lamenti e melodie dolcissime, note drammatiche e accordi lirici, rondò, marce, grotesque...

Le immagini salgono *de profundis* e si esibiscono in accoppiamenti osceni, in metafore stralunate, dentro uno stile preciso e riconoscibile, un canto alto e cupo che può improvvisamente cedere sul versante ironico... «Con mutamenti squassanti e inavvertibili di tonalità e di rotta», come indicava Giovanni Raboni nella prefazione di *Testamento* (Crocetti, 1988). Le contraddizioni si negano tornando all'affermativo, le verità vengono sancite con l'insensatezza dei poeti e la menzogna trionfa sotto il segno della verità lirica...

Sembra un progetto avviato da forze esterne alla volontà. Si deve invece pensare a un processo avviato in ere primordiali della vita in seguito a spaventose deflagrazioni geologiche, e che tuttora continua a produrre i suoi effetti in una specie di reazione a catena. «Vorrei smettere di scrivere | non dire piú una parola | ma la poesia è come un grillo | che canta nella mia testa | e come un grillo astuto | ti graffia le pareti | vorrei smettere di dormire | correre sugli altipiani | ma appena scappo il mio grillo | torna a inseguirmi il cuore». Cosí Alda Merini illustrava questa specie di meccanismo, inceppato sul tasto «acceso», in una poesia del 1980 (nel volume *Destinati a morire*, Lalli).

Un'altra chiave per capire gli slittamenti della sua

scrittura ci può venire dalla poesia che apre questa raccolta. «Sulla noce di un'albicocca | sul primo pensiero che mi salta in mente | fondo l'alluce della ragione | per toccare i tuoi piedi eterni». Dove la noce dell'albicocca, ovvero il primo spunto, ovvero qualsiasi spunto, può essere elaborato agli antipodi della sede naturale della razionalità, per raggiungere attraverso strade ribaltate le soglie della poesia. E da lí dilagare in vastità, oltre che in qualità. Come in una contaminazione nucleare che si espande inzuppando di radioattività ogni parola che incontra.

Il caso Alda Merini, ovvero il caso di una poetessa sbattuta ai margini dal destino e miracolosamente restituita alla centralità, è stato possibile grazie a chi ha saputo credere in lei nonostante tutto. Da Giacinto Spagnoletti, che sostenne le sue prime poesie, ad Arturo Schwarz che le pubblicò. Da Scheiwiller, che è sempre rimasto un riferimento importante, a Giovanni Raboni che con il suo autorevole entusiasmo ha avuto una parte importante nella rivalutazione di Alda Merini, a Maria Corti, preziosa testimone di un'intera vicenda poetica e umana.

Questa raccolta è il risultato di un lungo lavoro condotto su numerose poesie inviate, in decine di buste, all'editore Einaudi e a chi scrive. I versi sono stati composti nell'arco di cinque anni, dal '96 al '99. Sarebbe risultato impossibile dare al materiale scelto un ordine cronologico, che peraltro non avrebbe offerto un risultato di particolare rilievo. Si è quindi optato per un accostamento basato sull'omogeneità tematica e di stile. L'ansia, l'amore, i confini sbarrati della reclusione e lo slancio vitale della resurrezione sono i temi che si inseguono lungo l'intero arco produttivo di Alda Merini, con andamenti a spirale, ossessioni liriche, ghirlande, asteroidi inanellati nelle orbite ellittiche di un sistema poetico assolutamente singolare.

AMBROGIO BORSANI

SUPERBA È LA NOTTE

al giovane poeta Roberto Dossi
e alle mie adorate figliole Manuela,
Flavia, Barbara e Simona

Sulla noce di un'albicocca
sul primo pensiero che mi salta in mente
fondo l'alluce della ragione
per toccare i tuoi piedi eterni.

La cosa piú superba è la notte
quando cadono gli ultimi spaventi
e l'anima si getta all'avventura.
Lui tace nel tuo grembo
come riassorbito dal sangue
che finalmente si colora di Dio
e tu preghi che taccia per sempre
per non sentirlo come un rigoglio fisso
fin dentro le pareti.

Lasciami andare contro la parete
tu che hai un fucile carico d'inganni
e che vuoi farmi morta con la vita.
Non morirò ché la tua donna è eterna
solo perché ti ha guardato negli occhi
dentro il gran giorno della primavera.

Portentosa è la vita se si avanza
come una vela a sommo di misura.
Un vecchio che si fuma la sua pipa
con altero coraggio sulla porta
del tempo, in queste infime stagioni
qui sul Naviglio dove crescono i passi
già morti che si mettono alla griglia.
Fumiga il vento insieme alle prigioni
sta ferma quella chiesa maledetta
dove entrò ansante tutto il mio avvenire.

O destino, destino di poeti
pieni di flutti gioiosi
che avete il pane dell'idea nei capelli
che sapete dire cose mai cominciate.
O urla di banconote nella mente
di quell'uomo che bara sul tuo conto
senza darlo a vedere e col ciglio puro
strappa il velo delle sue belle canzoni.

Poeti

E tutti noi costretti dentro
le ombre del vino
non abbiamo parole né potere
per invogliare altri avventori.
Siamo osti senza domande
riceviamo tutti
solo che abbiano un cuore.
Siamo poeti fatti di vesti pesanti
e intime calure di bosco,
siamo contadini che portano
la terra a Venere
siamo usurai pieni di croci
siamo conventi che non hanno sangue
siamo una fede senza profeti
ma siamo poeti.
Soli come bestie
buttati per ogni fango
senza una casa libera
né un sasso per sentimento.

Viene quindi la stanca permissione che ci dà
il caldo di queste frontiere di luce dove
il poeta milita per se stesso
assurdo e in compagnia di nessuno, con solo
le sue vele al vento e la sua parola nel
cuore, esso domanda agli altri che
lo ripaghino di un ascolto
o di un'onta che faccia di lui
il portatore della follia magica, degli
orizzonti-finestra chiusi sul mondo
e aperti a tutti i domini possibili.
Lusinghiera forza del creato
il poeta interroga il mondo intero
e le sue incertezze, come se la frontiera
della sua storia stesse al di là dei fiori,
biondi cunicoli dell'esultanza, e pago
di un mondo ormai spento dalla fortuna
crea cose che il tempo non è riuscito
a polverizzare sotto le unghie delle fate.

a E.C.

La notte se non è rapida
non fa in tempo a coprire il sogno.
Lanterne sono i miei occhi e tu
il fiato che le appanna.
Dormi sul cuore di tutti
o piccolo asfodelo
e non appena le unghie
avranno scalfito il gelo dell'inverno
tornerai tu ranuncolo pieno
a rendermi felice.
Avide le tue coppe di avorio
avidi i testicoli del desiderio
e le dita piene di prugne
ingemmano i vasti odori.

C'era una fontana che dava albe
ed ero io.
Al mattino appena svegliata
avevo vento di fuoco
e cercavo di capire da che parte
volasse la poesia.
Adesso ahimè tutti vogliono
strapparmi la veste,
ahimè come ero felice
quando inseguivo i delitti
di questa porta dalle mille paure.
Adesso tutto è deserto e solo,
gemono ventiquattro cancelli
su cardini ormai spenti.

O ragioniere che alteri le cifre
io fui figlia di un contabile ed ebbi da lui
la grande speranza
di una religione futura.
L'onestà dentro i numeri
non diventi in te strana circonvenzione!
Rimetti a posto i tuoi idoletti falsi
o tu che ti trastulli con le speranze
dei vecchi.

a G.G.

Felice te che spargi sementi ovunque
e sei dedito al tuo sogno di corallo
come il pescatore che grida
nelle risacche e lancia reti e addii
e parte per infinite terre.
Felice te che credi che il mondo sia immenso
mentre è solo un salvacondotto impuro
per la morte del giorno.

Il tebano

E dai cerchi dorati della notte
io vengo a te mio unico amore
che giaci tremebondo ai miei piedi
come una veste mai indossata.
E poiché sei una tunica e sei il mio vento
son diventata cieca e oramai non so
che sei una fonte bianca alle mie spalle
un lago supremo di voci.

a E.C.

Era un uomo senza discorso
quello che un giorno venne a vedermi
soltanto per viltà naturale
e che toccò il mio corpo pieno di erbe
e di strani singulti. Una barriera
fu questo uomo, un inno alla disgrazia,
e aveva palpebre senza rumore
che cercano il freddo delle dimore
un fuoco, un desiderio...
Ma anche il tempo si fermò adagio
su quei baci di sempre che nel labbro
scavarono la roccia, un gran singulto
di amore che mi fece ripensare
al dispetto di Dio quando fece
il mio primo modello di follia.

Per ciò che non dissi
per ciò che non so compitare
per le anime spente dei fanciulli
per quella Lesbo infinita
io cantai una compagna
ardente nell'amore
e festosa nei riti eleusini.
Per quella compagna che cominciò
il mio canto
e che parla di morte nell'amore
continuerò a dire che la vita è una festa
e che la festa brucia gli impostori.

Naviglio che soccorri la mia carne
essa è una nave che ha saggiato
molti porti e lasciato molti figli
nell'abbraccio di ossuti marinai.
Eppure come me del vello d'oro
nessuno sa mai nulla. Incorniciata
la fronte di frescure inusitate
batto i denti nel freddo meridiano
dove adagio si stendono le suore.

Lampeggiano i delitti
qui nella zona. Parlartene
è per te perdere tempo
ma spero che qualcuno mi scriva
magari dall'inferno.

Ci sono i paradisi artificiali
e vengono lenti dalla lontananza
del Nord. Ho visto un coccodrillo
baciare le frontiere e pascolare
con Orfeo sconvolto tra le braccia.

ad A.B.

Nascono a volte muse furibonde
musi tribali intorno ad un banchetto
che lava nel mattino i suoi pensieri.
Anfitrione tu sei, strano duce
che mi porti lontano oltre le coltri
di cartapesta di questi balconi,
strane bugie dentro la parete
dove adagio si perderà la chiave
di quel vecchio infinito manicomio
che è l'ospedale della gente ignuda.

Divorami col tuo canto le spalle
come se fossi una lontana collina
che vive solitaria
in mezzo a mille montagne.
Il freddo di questa gente
che perfeziona il suo odio
sul mio passato di artista
la loro comunione segreta
con il delitto, le loro menti vuote
sono cumuli di macerie di guerra
sopra i quali hai sparato
il tuo smarrimento d'uomo.

Trovo che il mio coraggio è ormai spento
e che un ragazzo fiutò la vena
in seno al mio corsetto,
trovo che ibridi sono i ragazzi
essi vanno in capriole infinite
incontro al firmamento e portano
canestri di sabbia.
Vola via dal grembo delle signore
un sussurro di pianto maledetto
un incontro che la sorte ha deciso
in mano al vento.

Anima, solamente la parola
tace e si affranca il sentimento
il segreto che turpe mi appassiona
sulla scoperta che non feci mai
del cadavere vecchio di una donna
che aveva mille mani, dissepolta
dalla calunnia, quell'andare stordito
sopra i barconi della vedovanza.
Ricordami il pensiero della vita
tu che ti sei calato nelle pietre
credendole il mio fango musicale.

a Barbara

Resti un ardente ulivo
che mi dà la penombra
e mi scaldo al ricordo di come fui
quando amavo i tuoi pallidi sentieri.
Eccomi, stuolo bugiardo di occhi
lungo il pavone della tua certezza.
Sei fine sentimento di menzogna
quando mi ascolti ridere.

per Manuela B.

Ogni volta che mi parte il cuore
io tremo per te,
vedo che le mie foglie
avvampano di desiderio.
Mi considero una donna fallita
perché non ho vent'anni
perché le mie forze si sono scisse.
Ma se avessi avuto la tua giovinezza
la tua beltà e la tua storia
avrei lasciato ogni uomo
ogni incantesimo
ogni poesia
e sarei andata in vetta ad un cristallo
per vedere i tuoi magnifici occhi.

Piange la follia nel mio letto
assurda memoria di altri momenti.
In me tutti amano la follia
e io la venero,
straordinario balcone di canto
ma nessuno ama la donna
che si brucia allo specchio.
Nessuno sa che cosa sia il piacere
di reggere il lume della pazienza
attraverso strade infeconde
liberando momenti di solitudine.
Paiono orrende torture
ma intanto mangi e bevi e vai avanti
dopo aver conosciuto l'embrione
che ti ha dimenticato.

In morte di mia sorella

O anima che scavi la terra
adesso giustamente perduta
resta in noi il tuo modesto cammino,
anima di sempre: ascolta
ora il nostro babelico linguaggio
colmato di silenzio,
tu che sei ormai santa parola
e forse parola imperfetta
ma che certo cammini sull'acqua
col piede di un amante.

La tua unghia scalfiva il tempo
come la forza di una mammella decisa
che chiede il trionfo della sete.
L'impeto del tuo abbraccio
era inarcato come quello di amore
fin sotto la schiena, sotto il verso,
fin dentro i cunicoli delle strade.
Il tuo vento era la leggerezza
e sembravi un gigante giovane,
avevi la pazienza del vecchio.
Un'altra montagna cosí piena di serpi
e di radici io non l'ho piú trovata.

A un giovane

Il tuo grembo caldo di luna
rasenta i miei pensieri, forse
aprirò un altro castello
per nuove bugiarde principesse che tu
ami fuori dai carmi, forse
cercherò la luna piú attesa
per fartene un bel dono.
Ci sono momenti o fanciullo
che il discepolo canta gli amanti del sonno
e stringe le sue palme aperte
sul ventre di una donna...
Si alzano silenziosi pensieri
dal frutto materno, squilli
di nuovi desideri, e soccombi
fanciullo in un mare di sguardi.

Ci sono germogli di sempre
alari di infiniti camini
boschi che ardono parole
e infine inganni nella faccia pagana.
Il marocchino che picchia la parete
con il suo forsennato racconto
crede di essere italiano dentro
la furia che lo getta contro un muro
di futile arroganza.

Sono scesa in Porta Genova
a cercarti dentro la folla
che si era spiazzata al mattino
di capodanno. Ti vidi
tornare da un fresco veglione
pancia in avanti ottuso
come sempre sornione
malato di malafede,
ti raccolsi, umile gioco
delle mie sofferenze, tu
che avevi messo un arco
anzi una freccia
nel giro del tuo sguardo.

Esodo

Un giorno trionferai
delle mie sciocche rime
e di te stesso dirai
l'ho conosciuta
e se non fosse stato per i miei denti bianchi
che l'hanno sbranata foglio per foglio
di lei non sarebbe stato nulla.
Ma ricordati che le macchie di sangue sui fogli
risaltano anche alla lettura.
Ricordati ragazzo stolto di questo,
tu che ti fai coccolare dagli altri.

Mi guardi con occhi penetranti
e dici che nessuno ti ha mai resistito
e non capisci perché io ti resisto.
Ma vedi, piuttosto che cederti,
io mi addormento.

Potevi essere la canzone del mio umile sguardo
e sei diventato l'inferno delle mie ore.
Potevi tradire finalmente il destino
e sei diventato aquila di furbizia.

Non avessi sperato in te
e nel fatto che non sei un poeta
di solo amore
tu che continui a dirmi
che verrai domani
e non capisci che per me
il domani è già passato.

Avete ginocchi, avete canzoni giovani
avete cento ceneriere davanti.
Fumate perdio la vostra ultima condanna
poetica
per le strade che vanno nell'eterno.

Ero una foglia libera nel vento
e tu ragazzo che mi hai visto cadere
mi hai presa per un pantano.

Donne che non sapete nulla
la portinaia dello stabile è stata uccisa
con un colpo di vento, la sottana
rattoppata da tempo urlava il respiro
di una vanità femminile
fatta di solo lavoro.
Chi campa di molti espedienti
non sa che il lavoro, vanto sociale,
può essere dolce come il miele dell'arpa
e costei morí per il suo lavoro
levando il coperchio alle molte sozzure
che l'hanno denudata.

È colpa dell'amato trascurare il nome
è colpa dell'amato trascurare una storia.
È lui che mi tenne tra le sue braccia
vincendo il mio passato di miserie
mi divorò come un peccato suo
ed era un vertice di solo amore.

E tu albero stanco
sei già pieno di frutti
e vuoi per te soltanto il mezzogiorno
il meriggio lontano dal Naviglio
che guarda male i suoi spodestatori.

Titano, quella voce di sempre
che corre sul ventre della ragione,
il tuo forsennato coraggio
che spinge le pareti
oltre il muro del pianto, quella sete
di spazio, quel tuo clima che divora
la gente come fosse la tua mano
il gesto impressionista, la tua faccia
arsa da innumerevoli colonne,
Titano che mi hai divorato le dita
come foglie di un albero spinoso.

C'è chi crede che un uomo sia un'allegra vallata
una vigna, un solco il suo grande destino
o un palazzo in fondo alla vita
appena conquistato da un eroe.
Invece è il male, la cancrena che arde,
è solo la tua fiamma.

Ambrogio, nessun carme è tanto devoto a Dio
come il carme della lussuria
che indora i vecchi come pani ardenti
che li fa esultare e li fa credere in Dio.
E dentro i loro occhi che hanno visto
il piacere
e l'assurdo periglio della morte
sanno che il Paradiso è fatto
di sole frontiere
e temono l'inferno della vita.

Sono spoglie le dita della morte
sono piene di rughe maliziose
e la vendetta nasce sulla fronte
di questa tua indomabile vicina.
Come mi è cara quest'ombra che geme
volendo un po' di carne solamente
oltre ai miei carmi che essa prosciuga.
Ansima sull'anello del prodigio
quello sponsale fatto dalla vita
nel giorno della Pasqua.

Abbiamo lenzuola fredde come lapidi
scoscese come i pendii dei monti.
Manca l'erba che si meraviglia troppo
e il sole che altissimo nuoce
alle speranze coperte che non volano
e non colpiscono il segno
di un amore rupestre,
coperte che gemono
purtroppo amaramente.

a Manuela F.

Lentamente sulla memoria che accade
come una svolta eterna
o bellissima nel raro momento d'amore
che si conclude come sempre in un bacio
tu svicoli lontano
verso eterni sentieri
e come lepre colta in fallo
premi la tua preghiera di sempre,
ottusa nella tua rabbia
per chi ti salva dentro un gesto di amore.
O te fortunata che torni indietro
dopo il delirio, rompendo la tua sciagura.
Con aghi eterni trionfi di tutto
macchiando il tuo vacuo sorriso
con tutte le preghiere delle donne.

ad Anna Merini Bertassello

O canto della neve chiuso dentro la fossa
leggiadro il paradiso che correva sull'acqua
con l'inguine perfetto che declama le sfere
e nuca di cordoglio era la tua cavezza
di giovane che salta le barriere del sonno
e invano nella cruda finestra della vita
gettasti il coperchio di tante tue imposture
e oggi avanzi in cielo come donna superba,
mentre fosti una siepe, una roccia, una vita,
simile al coraggio che animò le tue onde.
Ora vivi rapita nel suono delle dita,
ampie misure d'aria che solcano i presepi
sorella di domanda che si infrange sull'acqua
e simile a parola tu abiti il destino,
fai soffrire la folla che chiede il tuo mistero.

C'è gente che va in manicomio
soltanto per morire
o perché una vedova bruciata dal freddo
ha regalato un anello falso
al principe delle onde
e cosí questa gente si vendica di tanti predoni
e dei doni che Dio ha dato loro
con assenze private, con comodi irreversibili.
Fanno un fascio dei loro tormenti
e li bruciano al fuoco della morte
facendo strane fatture
e strani scongiuri agli dei.
C'è gente che vuole il veleno dei farmaci
e trova chi li accontenta
o coltelli di sguardo puro
per uccidere i santi e i trovatori.
È la legge di chi divora la carne degli altri,
che hanno usato la loro pazienza
per non soffrire.

Tenuta ferma con lo stendardo dei venti
venni accompagnata fuori
con l'impeto del violino, e l'impatto
fu piú lieve dell'aria.
Anche se ho mancato agli appuntamenti
sto appuntata al mio destino da sempre
come una farfalla viscida
che non vuole morire, e le pareti
son colme oramai del mio miele,
la solitudine è piú alta del muro.
Salto ferocemente la mia fossa
e impallidisco per i vermi che mi sono
attorno.
Uomini con i peli sulle caviglie
come Mercurio volano per il cortile
facendo carte false per il destino, muoio
cosí sotto i lampioni
come Lilí Marlene che aspetta il cliente
dai volti innumerevoli. Mi hanno tradito
tutti.
Le mogli dei miei innamorati sono parole di sempre
le mogli dei miei innamorati sono vecchi
scudisci.
Adoperano la fica come un giaggiolo
per predare il loro infedele.

La vestale
che ti porta il caffè
oramai fa male al cuore.
Non ci sono, amico, cose
come i patimenti leggeri
che fanno cadere
montagne di colpa.

Ha una voce di madre che cammina
l'amore che diventa la mia tomba
dacché non mi comanda.
Sul parabrezza della tua auto
ci vorrebbe una stella che cadesse
per mandare in frantumi i tuoi cristalli
e per fare un amore senza fine.

Leggenda

Potevano aspettare ad avere un figlio,
ma è cosí. La parola di neve
si articola dentro una baracca
e sprofonda improvvisa nelle carni che voci
hanno e gemiti. Essi troveranno la luna
alta, i figli, le mutate stagioni
e qualche parente alla lontana
che dicono essere il loro nonno.
I figli conoscono il viso che vedono primo
e credono che sia l'alba del loro discorso
e che debbono parlare con una sola rima
sentono viaggiare intorno altri orizzonti
non sanno che il mondo è pieno di canti migliori,
conoscono il volto delle loro madri
e lo scambiano per la sola musica.

La bambina

Invecchiando mi diedi al vino
ma non avevo colpa
di preferire il vino a un uomo
che mi tradiva con la cugina.
Lei era polposa e fresca
e forse gli avrebbe portato in dote un figlio,
il figlio che eroicamente io non avevo
cosí annegai la mia sete nell'acquavite
e morii presto sotto un'acacia immensa
mentre prendevo l'ultimo sole d'inverno.

La fatica del corpo cade dentro
il pensiero
la fatica del corpo geme nell'anima cupa
è come qualcosa che vanga
le distanze passate.
Le rime cadono come l'amore
e tu non scopi che il vento.
Neanche la malia del ricordo
entra nella tua voce,
è lui, poiché gli fa comodo essere
strano.
Non tocca piú la terra con i suoi passi
e preferisce il solco di una vecchia abitudine
accanto a una donna che non l'ama
accanto a un sacrificio che non esce
dall'anima
e che anzi l'ottunde
lui che ha calibrato i suoi passi
avrebbe potuto brindare agli operai
con un gesto d'amore.

O folle nome che ha nome paura,
il tuo gatto semidormiente
il gatto dalle mille code
arde dischiuso nel tuo unico fallo
che deflora le vergini disarmoniche,
le donne piene di voti.
Stanco di giovinezza il colmo barile
delle disgrazie, di chi ti ha visto morto,
o fervido incantatore di serpenti
che hanno schiumato di dolce rabbia
al tuo passare di umile uomo.

Mancava un palloncino nella mia vita
da appendere sui muri
da tenere come un gioco di carta
mancava un palloncino
che mi scoppiasse tra i denti
mancava l'onda di un vecchio mare perduto
mancava l'ombra, la sconclusione
il vile ricatto della vita.
Poi sei venuto tu che eri un amore
e mi hai lasciata sola.

Aveva nelle sue notti calcolato che l'Alpe
è difficile da raggiungere perché cosí fredda
ma il suo sentimento pallido di stupore
giungeva al fuoco e al maglio dell'anima.
Comunque, poiché di ogni grazia era sgombro
come un tavolo dove si serviva una cena fredda
banchettava con le sue fantasie
che erano infuocate.
Debbo ridire a tutti che la sua voglia di canto
trasudava miele che giungeva alla vita.
Forse gli morí l'unica amica che aveva,
una donna strana che voleva che si curasse
ma lui al canto preferí la mia morte
e uccise se stesso.

Invocazione

Perché lasciate vostra madre sola
ferma in un canto come una moneta da spendere
senza darle il buongiorno e metterle
un lume sulla parete
che guidi i suoi passi stanchi...
Perché non andate a vegliare
la sua solitudine di vecchia
che pensa che il letto è vuoto
da molti anni e le coperte scendono
su un pavimento ormai senza livore...
Perché non sfiorate i suoi pensieri di carne
da cui siete nati?
Perché in manicomio ho messo fonde radici
al fine di pensarvi.

Lo psichiatra

Sono convinta, e Dio mi fulmini,
che l'amore è una cosa da nulla
e che nella fattispecie chi ama
non produce denaro
e ruba del tempo agli altri.
È facile calunniare un uomo
piú facile rendere sterile una donna:
la medicina ha il suo grande decoro
dovrebbero saperlo tutti. Ciò che scende
dai nostri inganni
è certamente il plagio di molte serpi.

Guerra

O uomo sconciato come una fossa
in te si lavano le mani i servi,
i servi del delitto
che ti cambiano veste parola e udito
che ti fanno simile a un fantasma dorato.
Viscidi uccelli visitano le tue dimore
sparvieri senza volto
ti legano i polsi alle vendette
degli altri
che vogliono dissacrare il Signore.
O guerra, portento di ogni spavento
malvagità inarcata, figlia stretta
generata dal suolo di nessuno
non hai udito né ombra:
sei un mostro senza anima che mangia
la soglia
e il futuro dell'uomo.

O anima che giri per gli eterni colli
ansiosa di narrare il tuo unico amore
qui non sei piú signora ma tremi
di assurde rimembranze, e i tuoi lutti
simili alla passione, il tuo sciocco dominio,
bruciano persino il padiglione d'inverno.
Milano corrotta fino allo spasimo
non può capire la carità del suono
né l'erba che cresce a misura di amore
come il canto della menzogna
che gira fermo tra le tue braccia
come unico figlio divoratore
e dice la pena di un assurdo momento
fatto dagli uomini del cortile.

Non mettetemi accanto alle donne
che amano il loro pianto
piú ancora dei loro figli
e che dei tradimenti maritali
hanno fatto un vessillo di guerra,
alle donne che incendiano le pareti
degli altri
con i loro lunghi lamenti di affitto
tradendo tempi e sostanze.
Non mettetemi accanto a queste civette dolci
che usano le loro penne
per trascrivere annali di guerra
e che proteggono i forti
solo perché fan loro donazioni.
L'amore è uno spirito svelto
che se ne va via, tradisce
purtroppo i traditori.

O cupo inverno che assalti con questi scudisci di neve
il tono del mio canto che è diventato perla
rotolando nei fossi di ignobili condanne
mentre regali a tutti il vanto della vita
cosí come compete ad altri la giustizia
agli ingiusti, agli impropri e a coloro che vendono merce
usata dai tuoi occhi, ciò che hai veduto e nascosto
nelle mura delle dita dove saltano i chiodi
di una cosa che dura nel margine della mente...
Aprite a me i confini di una netta canzone
che spiri tra le foglie dove muore il vagito
della donna che incalza pur con vivido piede
sulle tracce degli altri ormai dure e serrate.

Questa sorda popolazione scavata nella roccia e nel tufo
questi bracconieri della parola che mi hanno
mandato un ladro infido e infinito, un ladro
di amore che ha perpetuato le proprie pause sopra
il mio corpo, questi malandrini delle preghiere
ottusi quanto basta a sedurre l'ultima
parola del mio mondo, questi magi
perversi che mandano stufe incolori
in casa di altri, per testimoniare che l'inferno
è l'unico calore possibile nella mente
di ogni poeta... Ricordo invece come
i confini della magia venissero
messi in posizione di grazia di fronte a quei
giardini incantati che erano le Esperidi
del manicomio. In quelle case di cura
assetate di onde e di ingiurie di cui
ancora covo la resina della paura.

Ci sono giorni che corrono
dietro le foglie
come spettacoli pieni,
anelli di calce che chiudono un volto
un silenzio segreto che mi inchioda.
La croce del tuo viso
ove la fisionomia della materia
diventa spettro,
grido umanamente sconvolto
e il vecchio senso
che apre ferme similitudini.
Donna che ti pieghi nel parto
del tuo giudizio, ahimè
donna senza ritegno
che avevi l'odio dentro la mano
come una pietra
e con essa hai colpito il mio spettro
e anche il mio dolore
non hai capito che ero fatta
soltanto di ombra
che ero già morta nelle tue mani.

Il Corvo

Il mattino era devastante come l'annunciazione
della follia e gravava sopra i visceri
delle foglie come se una mano fredda e tagliente
stroncasse la doppia vita
degli amanti. Erano tempi in cui la mia memoria
confusa vagava di sospiro in sospiro
di lutto in lutto
e la vita faceva fatica ad emergere dal sonno come
un nero pulviscolo di morte e tutto era cosí
portato avanti da un divino sapere
che sfuggiva e languiva nelle mie stesse mani.
Anni pieni di colpa e diluvio, anni che venivano
a sapere che io avevo cominciato
il mio rito e le mie paure e questo
orribile portatore di male
che è il destino saliva sulla mia schiena
come un cavallo sudaticcio e inverecondo
che volesse falsare le carte e portare
alla rovina il Signore di tutte le cose...
Questi cadaveri cupi e sommessi
che riempiono l'aria con le loro forcine
e le loro grida, traendo donne insane per i capelli
e vendemmiatori astuti,
questa incolore magia che è l'universo
piú cupo ahimè di ogni battaglia, io che divento il dicitore
della mia stessa sconfitta e il retroscena di una battaglia
onirica. Il tempo di questa illusione perduta in cui
i peccati di lui e di lei sono venuti a cadere sopra
il mio peccato coprendolo di insulti
e di miserie, questa istantanea rottura con l'universo
dove io da pacifica divento fredda come l'alba
e sorniona come la morte in un duplice omicidio

che sta tra pelle e pelle
tra presenza e presenza. Il fare vecchio
di questo annuncio di vita che diventa
escremento di ogni grandezza. Il mio naturale
stupore è tutto ciò che è carne consolidata
carne eguale in tutto alle zolle
di questo divino insulto.

UN CORVO.

È lui l'impietoso uccello che gonfiava le ali del suo
abbandono, che pareva frenetico incontro
alla morte che usciva dalle sue stesse urla
come un frammento di grido
che doveva essere spettacolare e orrendo
intorno ai capelli di una ninfa cosí
colorata cosí fresca cosí invidiosa della felicità
altrui e tutte queste dolci aperture che
franavano nel freddo delle mie mani
scardinate dalla vita medesima, mani inconsulte
che addomesticavano i sogni come tanti agnelli
nel corpo grasso di Ulisse. Queste angeliche grida
che traversavano il passo come lame
incandescenti che rendevano folle
il mio abbandono e soprattutto il piacere
di essere totalmente nudi dentro questo rovistio
di carte che faceva il corpo affettuoso
e pusillanime portando oltre il mio
infanticidio segreto quello di una
bambina che nel sonno diventa
un forte poeta.

Il grido della morte

ad A.M.B.

Qui dove abito non si sente nulla di nulla, nemmeno il grido
della morte, il paradosso oscuro che scivola via dalla vita
quell'ingorgo che può fare presagire il passato, quel vuoto
di memoria assoluto che porta al compimento di ogni parola.
Niente affoga il passato, niente lo risolleva dal suo
baratro, nessuna incertezza è dentro il sonno e nessuna ora
fu piú velata e piú martoriata di questa che arde
nel silenzio di un'ermetica chiusura di porte che non si
 aprono
e non si concedono al canto. Il male è una fossa tremenda,
l'ateo pruriginoso del nostro solco di vita. Ecco anche
il male rimane incerto e sospeso in questo
non essere presenti al male medesimo della vita.
Nessuno che pianga o si discolpi o che diventi personaggio
e figura nel tempio della morte, nessuna meretrice che
balzi spontanea al canto della strada, a soffrire e a offrire
il bene del suo ventre disfatto per andare oltre i confini
della parola. Nessuna canzone muliebre o sofferta che abbia
in sé radici malsane o comunque radici di vita, e nessun
velo che possa alzarsi come figura e che diventi aiuola e
che diventi fatica. Anche la fatica di amare, perenne
dolcezza della vita, è stata scaricata da una parsimonia
 infelice.
Gli uomini sono come velieri, velieri immoti che non
solcano acque, che non risanano il linguaggio,
gli uomini sono occasioni di vendemmia, ma niente altro.
Essi potrebbero apparire e sparire dalla fama
del grande albero della vita come i sogni, e potrebbero
portare con sé il nostro linguaggio infantile
fatto di occasioni tremende. La nostra fantasia si
incammina nel cielo, essa è colpevole come la parola
e il silenzio medesimo di questi orribili portatori

di frane che gravitano sopra un letto, accesi di colpa
e inerenti proprio al male piú prodigiosamente
satanici di colui che afferra il coltello e apre la chiave
scurrile di una porta che si chiama vita, per lasciarne
uscire l'anima affogata nelle lacrime e nel sapere.
Sono proprio questi uomini scorrevoli come la dannazione
eterna, che cacciano il peccato dalle loro mitiche
lenzuola di presagio per dar corso alla fama di colei
che fruttuosamente godeva del peccato peggiore che è
l'azione. Dentro il peccato esseri ingobbiti nelle loro tenebre
sussultano al primo apparire della notte, come se la colpa
fosse consapevole in loro e l'anima traviata
potesse cadere addosso alla loro ridondanza.
Fiaccole infelici e vane che vanno oltre questa
posa di pietra che è la vita e che giace
nel tentacolo amaro della solitudine, come se volesse
prendere il principio di ogni radice, e colei che
ingemmava il suo sapere e la sua fama di donna, ora
è passata a tenebre sicure, lei che faceva l'inventario
della mia morte ora per ora, trascinandola per
i capelli come fosse stata l'esempio stesso
di un cuore spettacolare fatto di marciume e di solitudine
che porta male, che porta solamente silenzio.
Il male quindi se ne è andato in un vecchio sapere delle cose
in un ancheggiare fosco che porta lontano i nostri pensieri
e li fa grigi come la notte, e come il parto infelice di una
musa cieca e sorda che non ha un'aiuola fiorita
che non vuole presagire nulla se non la notte e la fatica
mortuaria del senso, pare che diventi il proprio
crimine orrendo. Qui sul ballatoio infelice, la donna
di nessun esempio e di nessuna paura giace velata per
sempre in un'ovazione generale che ha visto cadere
il dubbio della fortuna e la fortuna del dubbio.

Per Vanni Scheiwiller

E Vanni sprofondò nell'oblio
non altrimenti di un bimbo
che prende il latte infelice
dall'unica mammella di madre
che non l'ha generato.
Fu adottato da una morte
impietosa
che scardinò tutti i venti.
Il suo fiato lambiva le colline,
il suo foglio era bianco,
su esso cadevano le lacrime
di tutti i poeti.
Fu anche avvicinato dai lutti di altri
che lui stesso piangeva
dolorosi compagni
di tante pagine assorte
ma cadde non altrimenti che il vento
sulla collina
quando sopraggiunge
una tempesta di neve.

Indice

p. v *Introduzione* di Ambrogio Borsani

Superba è la notte

3 «Sulla noce di un'albicocca»
4 «La cosa piú superba è la notte»
5 «Lasciami andare contro la parete»
6 «Portentosa è la vita se si avanza»
7 «O destino, destino di poeti»
8 Poeti
9 «Viene quindi la stanca permissione che ci dà»
10 «La notte se non è rapida»
11 «C'era una fontana che dava albe»
12 «O ragioniere che alteri le cifre»
13 «Felice te che spargi sementi ovunque»
14 Il tebano
15 «Era un uomo senza discorso»
16 «Per ciò che non dissi»
17 «Naviglio che soccorri la mia carne»
18 «Lampeggiano i delitti»
19 «Ci sono paradisi artificiali»
20 «Nascono a volte muse furibonde»
21 «Divorami col tuo canto le spalle»
22 «Trovo che il mio coraggio è ormai spento»
23 «Anima, solamente la parola»
24 «Resti un ardente ulivo»
25 «Ogni volta che mi parte il cuore»

p. 26 «Piange la follia nel mio letto»
27 In morte di mia sorella
28 «La tua unghia scalfiva il tempo»
29 A un giovane
30 «Ci sono germogli di sempre»
31 «Sono scesa in Porta Genova»
32 Esodo
33 «Mi guardi con occhi penetranti»
34 «Potevi essere la canzone del mio umile sguardo»
35 «Non avessi sperato in te»
36 «Avete ginocchi, avete canzoni giovani»
37 «Ero una foglia libera nel vento»
38 «Donne che non sapete nulla»
39 «È colpa dell'amato trascurare il nome»
40 «E tu albero stanco»
41 «Titano, quella voce di sempre»
42 «C'è chi crede che un uomo sia un'allegra vallata»
43 «Ambrogio, nessun carme è tanto devoto a Dio»
44 «Sono spoglie le dita della morte»
45 «Abbiamo lenzuola fredde come lapidi»
46 «Lentamente sulla memoria che accade»
47 «O canto della neve chiuso dentro la fossa»
48 «C'è gente che va in manicomio»
49 «Tenuta ferma con lo stendardo dei venti»
50 «La vestale»
51 «Ha una voce di madre che cammina»
52 Leggenda
53 La bambina
54 «La fatica del corpo cade dentro»
55 «O folle nome che ha nome paura»
56 «Mancava un palloncino nella mia vita»

p. 57 «Aveva nelle sue notti calcolato che l'Alpe»
58 Invocazione
59 Lo psichiatra
60 Guerra
61 «O anima che giri per gli eterni colli»
62 «Non mettetemi accanto alle donne»
63 «O cupo inverno che assalti con questi scudisci di neve»
64 «Questa sorda popolazione scavata nella roccia e nel tufo»
65 «Ci sono giorni che corrono»
66 Il corvo
68 Il grido della morte
70 Per Vanni Scheiwiller

Stampato per conto della Casa editrice Einaudi
presso ELCOGRAF S.p.A. - Stabilimento di Cles (Tn)

C.L. 14547

Ristampa						Anno		
25	26	27	28	29		2023	2024	2025

Collezione di poesia

Ultimi volumi pubblicati:

184 CAMILLO PENNATI, *Sotteso blu 1974-1983*.

185 *Nuovi poeti italiani 3*: Cristina Annino, Alida Airaghi, Salvatore di Natale, Pietro G. Beltrami, Francesco Serrao, Rocco Brindisi.

186 NICO ORENGO, *Cartoline di mare*.

187 DINO FRESCOBALDI, *Canzoni e sonetti*. A cura di Furio Brugnolo.

188 SERGEJ ESENIN, *Il paese dei banditi*. Prefazione e traduzione di Iginio De Luca.

189 WILFRED OWEN, *Poesie di guerra*. A cura di Sergio Rufini.

190 PAOLO BERTOLANI, *Seinà*.

191 ALBINO PIERRO, *Un pianto nascosto. Antologia poetica 1946-1983*.

192 GEORGE BYRON, *Pezzi domestici e altre poesie*.

193 JAROSLAV SEIFERT, *Vestita di luce. Poesie 1925-1967*.

194 *Alcune poesie di Hölderlin* tradotte da Gianfranco Contini.

195 LUDOVICO ARIOSTO, *Satire*. Edizione critica e commentata a cura di Cesare Segre.

196 TORQUATO ACCETTO, *Rime amorose*. A cura di Salvatore S. Nigro.

197 STÉPHANE MALLARMÉ, *Versi e prose*. Traduzione di Filippo Tommaso Marinetti. Con una nota di Franco Fortini.

198 DRUMMOND DE ANDRADE, *Sentimento del mondo*. Trentasette poesie scelte e tradotte da Antonio Tabucchi.

199 OTTIERO OTTIERI, *Vi amo*.

200 RAFFAELLO BALDINI, *Furistír. Versi in dialetto romangolo*. Introduzione di Franco Brevini.

201 ERICH FRIED, *È quel che è. Poesie d'amore di paura di collera*. Traduzione di Andrea Casalegno.

202 FRANCA GRISONI, *L'oter*. Introduzione di Franco Brevini.

203 NICO NALDINI, *La curva di San Floreano*.

204 WALLACE STEVENS, *Mattino domenicale e altre poesie*. A cura di Renato Poggioli. Nota critica di Guido Carboni.

205 *Poeti latini della decadenza*. A cura di Carlo Carena.

206 GIOVANNI GIUDICI, *Prove del teatro 1953-1988*. Con un saggio di Carlo Ossola.

207 COSIMO ORTESTA, *Nel progetto di un freddo perenne*.

208 GIANNI D'ELIA, *Segreta 1986-1987*.

209 LUCIANO ERBA, *L'ippopotamo*.

210 FERNANDO RIGON, *Dimore*.

211 PATRIZIA VALDUGA, *Medicamenta e altri medicamenta*.

212 GIAN PIERO BONA, *Gli ospiti nascosti*.

213 HANS MAGNUS ENZENSBERGER, *La fine del Titanic*.

214 CALLIMACO, *Epigrammi*.

215 GIOVANNI RABONI, *Versi guerrieri e amorosi*.

216 FRANCIS PICABIA, *Poesie e disegni della figlia nata senza madre*.

217 AMY LOWELL, *Poesie scelte*.

218 GABRIELLA LETO, *Nostalgia dell'acqua*.

219 YVES BONNEFOY, *Nell'insidia della soglia*.

220 F. T. MARINETTI, *Poesie a Beny*.

221 QUINTO ORAZIO FLACCO, *Cinque satire sulla saggezza del vivere*. Traduzione di Gavino Manca. Introduzione di Carlo Carena.

222 JORGE MANRIQUE, *Stanze per la morte del padre*. A cura di Luciano Allamprese.

223 FERNANDO PESSOA, *Faust*. A cura di Maria José de Lancastre.

224 ALDA MERINI, *Vuoto d'amore*.

225 LUIS DE GONGÓRA, *Favola di Polifemo e Galatea*. A cura di Enrica Cancelliere.

226 ANNA ACHMATOVA, *La corsa del tempo. Liriche e poemi*. A cura di Michele Colucci.

227 FRANCO MARCOALDI, *A mosca cieca*.

228 ERMANNO KRUMM, *Novecento*.

229 PHILIPPE JACCOTTET, *Il barbagianni. L'ignorante*. A cura di Fabio Pusterla.

230 GARCILASO DE LA VEGA, *Le egloghe*. A cura di Mario Di Pinto.

231 FRANCO SCATAGLINI, *La rosa*.

232 RAINER MARIA RILKE, *Nuove poesie. Requiem*. A cura di Giacomo Cacciapaglia.

233 PATRIZIA CAVALLI, *Poesie*.

234 RUTILIO NAMAZIANO, *Il ritorno*. A cura di Alessandro Fo.

235 COSTANTINOS KAVAFIS, *Settantacinque poesie*. A cura di Nelo Risi e Margherita Dálmati.

236 VLADIMÍR HOLAN, *Una notte con Amleto. Una notte con Ofelia*.

237 JACQUELINE RISSET, *Amor di lontano*.

238 GIANNI D'ELIA, *Notte privata*.

239 ÁLVARO MUTIS, *Summa di Maqroll il Gabbiere*.

240 CARLO EMILIO GADDA, *Poesie*. A cura di Maria Antonietta Terzoli.

241 UMBERTO PIERSANTI, *I luoghi persi*.

242 FRANCO FORTINI, *Composita solvantur*.

243 GIOVANNI PICO DELLA MIRANDOLA, *Sonetti*. A cura di Giorgio Dilemmi.

244 *Nuovi poeti tedeschi*. A cura di Anna Chiarloni.

245 ENRICO TESTA, *In controtempo*.

246 *I salmi*. A cura di Guido Ceronetti.

247 GABRIELE FRASCA, *Lime*.

248 PUBLIO OVIDIO NASONE, *Gli amori*.

249 *Nuovi poeti italiani 4*: Maria Angela Bedini, Ivano Ferrari, Nicola Gardini, Cristina Filippi, Elisabetta Stefanelli, Daniele Martino, Pietro Mazzone.

250 FRANCO MARCOALDI, *Celibi al limbo*.

251 JUANA INÉS DE LA CRUZ, *Versi d'amore e di circostanza. Primo sogno*.

252 ALDA MERINI, *Ballate non pagate*.

253 *Nuovi poeti cinesi*. A cura di Claudia Pozzana e Alessandro Russo.

254 GIANNI D'ELIA, *Congedo della vecchia Olivetti*.

255 PAUL CELAN, *Di soglia in soglia*. A cura di Giuseppe Bevilacqua.

256 VALERIO MAGRELLI, *Poesie (1980-1992) e altre poesie*.

257 EDOARDO CACCIATORE, *Il discorso a meraviglia*.

258 TONY HARRISON, *V. e altre poesie*. A cura di Massimo Bacigalupo.

259 SALVATORE MANNUZZU, *Corpus*.

260 PERCY BYSSHE SHELLEY, *Prometeo slegato*.

261 FRANCO FORTINI, *Poesie inedite*.

262 GIANCARLO CONSONNI, *Vûs*.

263 *La visione di Mac Conglinne*. A cura di Melita Cataldi.

264 HANS MAGNUS ENZENSBERGER, *Musica del futuro*.

265 PATRIZIA VALDUGA, *Cento quartine e altre storie d'amore*.

266 GABRIELLA LETO, *L'ora insonne*.

267 VIRGILIO GIOTTI, *Colori*.

268 ERMANNO KRUMM, *Felicità*.

269 EDWARD ESTLIN CUMMINGS, *Poesie*.

270 MÁRIO DE SÁ-CARNEIRO, *Dispersione*. A cura di Maria José de Lancastre.

271 OSIP MANDEL´ŠTAM, *Cinquanta poesie*. A cura di Remo Faccani.

272 VITTORIO SERENI, *Diario d'Algeria*.

273 CAMILLO PENNATI, *Una distanza inseparabile*.

274 GIORGIO CAPRONI, *Quaderni di traduzioni*. A cura di Enrico Testa.

275 PAUL CELAN, *Conseguito silenzio*. A cura di Michele Ronchetti.

276 PATRIZIA VALDUGA, *Prima antologia*.

277 SALVATORE TOMA, *Canzoniere della morte*. A cura di Maria Corti.

278 VALERIO MAGRELLI, *Didascalie per la lettura di un giornale*.

279 DELIO TESSA, *L'è el dí di Mort, alegher! Altre liriche* (2 volumi). A cura di Dante Isella.

280 PATRIZIA CAVALLI, *Sempre aperto teatro*.

281 NICO ORENGO, *Cartoline di mare vecchie e nuove*.

282 DURS GRÜNBEIN, *A metà partita. Poesie 1988-1999*. A cura di Anna Maria Carpi.

283 IVANO FERRARI, *La franca sostanza del degrado*.

284 EVGENIJ BARATYNSKIJ, *Liriche*.

285 CESARE VIVIANI, *Silenzio dell'universo*.

286 ALDA MERINI, *Superba è la notte*.

287 GIANNI D'ELIA, *Sulla riva dell'epoca*.

288 RAFFAELLO BALDINI, *La Nàiva Furistír Ciacri*.

289 FRANCO MARCOALDI, *L'isola celeste*.

290 ARNAUT DANIEL, *Sirventese e canzoni*. Traduzione di Fernando Bandini.

291 CAMILO PESSANHA, *Clessidra*. A cura di Barbara Spaggiari.

292 BEPPE FENOGLIO, *Quaderno di traduzioni*. A cura di Mark Pietralunga.

293 SILVIA BRE, *Le barricate misteriose*.

294 ENRICO TESTA, *La sostituzione*.

295 PATRIZIA VALDUGA, *Quartine. Seconda centuria*.

296 GILBERTO SACERDOTI, *Vendo vento*.

297 RAUL MONTANARI, ALDO NOVE, TIZIANO SCARPA, *Nelle galassie oggi come oggi. Covers*.

298 YVES BONNEFOY, *Quel che fu senza luce. Inizio e fine della neve*. Traduzione di Davide Bracaglia.

299 VITTORIO SERENI, *Il musicante di Saint-Merry*.

300 GABRIELE FRASCA, *Rive*.

301 HANS M. ENZENSBERGER, *Piú leggeri dell'aria*.

302 CESARE PAVESE, *Lavorare stanca*.

303 FRANCO LOI, *Isman*.

304 UMBERTO PIERSANTI, *Nel tempo che precede*.

305 PIER PAOLO PASOLINI, *Nuova gioventú*.

306 PHILIP LARKIN, *Finestre alte*.

307 ERRI DE LUCA, *Opera sull'acqua*.

308 VÍTĚZSLAV NEZVAL, *La donna al plurale*. A cura di Giuseppe Dierna.

309 EDWARD LEAR, *Limericks*. A cura di Ottavio Fatica.

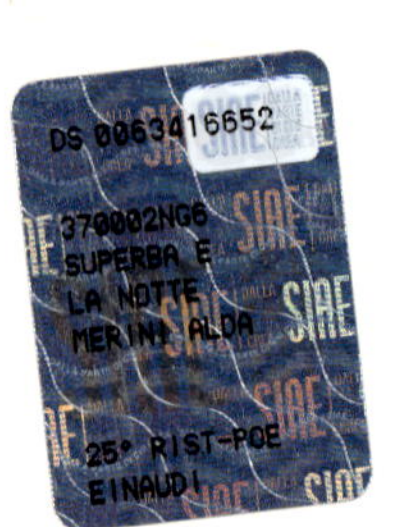
DS 0063416652
370002NG6
SUPERBA E
LA NOTTE
MERINI ALDA
25° RIST-POE
EINAUDI